RECETAS EN 30 MINUTOS

Montserrat Cruz

Desayunos — 5

Hot Cakes de Avena y Espinaca — 7

Tortilla Española — 9

Baguette Fresca — 12

Bowl Energético de Avena, Quinoa y Frutas Frescas — 14

Tostadas Saludables de Rajas Poblanas — 16

Crepas Saladas de Calabacita y Queso Panela — 18

Brownie Saludable — 20

Sándwich Capresse — 22

Cakes de Manzana — 24

Pan Francés con Huevos a la Mexicana — 26

Comidas — 28

Chile Relleno — 30

Champiñones al Chipotle — 33

Crema de Poblanos con Elote — 35

Portobello con Puré Cremoso y Ensalada — 37

Tostadas de Col — 39

Tacos Dorados — 41

Ceviche de Champiñones y Palmito — 43

Ensalada Tibia de Salmón Picante — 45

Ceviche de Atún — 47

Pasta Tornillo Picante con Brócoli — 49

Cenas — 51

Mini Pizzas en Pan Pita — 53

Tiradito de Atún — 55

Pita Rellena con Res, Panela y Aguacate — 57

Merienda de Quinoa y Frutas _____ 59

Mini Pizzas Hawaianas _____ 61

Tacos de Calabaza con Elote _____ 63

Parafit Energético y Rápido (Menos de 5 minutos) _____ 65

Salteado de Pollo con Papas y Champiñones _____ 67

Fajitas con Queso Gouda _____ 69

Sándwich de Res con Pesto y Vegetales _____ 71

Snacks _____ **73**

Smoothie de Frambuesa y Espinaca _____ 75

Barritas Energéticas de Avena y Cacahuate _____ 77

Cubitos de Hielo Toque Picosito _____ 79

Gomitas Picantes _____ 81

Agradecimientos _____ 83

DESAYUNOS

HOT CAKES DE AVENA Y ESPINACA

Preparación: 5 minutos

Cocción: 10-15 minutos

Rinde: Aproximadamente 4-6 hot cakes pequeños

Ingredientes:

- 1 taza de espinacas frescas, bien lavadas
- 1 taza de avena en hojuelas (puedes usar avena instantánea, de cocción rápida o tradicional)
- 1 taza de leche (puede ser de vaca, almendra, soya, etc.)
- 41 taza de claras de huevo (aproximadamente 2 claras grandes)
- 1 cucharada de extracto de vainilla
- Azúcar al gusto (puedes usar azúcar regular, stevia, miel de agave, etc.)
- Una pizca de sal (opcional, realza los sabores)
- Aceite o mantequilla para engrasar la sartén

Preparación:

1. **Licuar los ingredientes húmedos:** En una licuadora, coloca las espinacas, la leche, las claras de huevo y la vainilla. Licúa hasta obtener una mezcla suave y homogénea donde no queden trozos grandes de espinaca.
2. **Incorporar los ingredientes secos:** Agrega la avena, el azúcar (al gusto) y la pizca de sal (si la usas) a la licuadora. Licúa nuevamente hasta que todos los ingredientes estén bien incorporados y la mezcla tenga una consistencia espesa, similar a la de una masa para panqueques gruesos. Si la mezcla está demasiado espesa, puedes agregar un poco más de leche (una cucharada a la vez) hasta obtener la consistencia deseada.

3. **Calentar la sartén:** Coloca una sartén antiadherente a fuego medio. Engrasa ligeramente con un poco de aceite o mantequilla.
4. **Cocinar los "cakes":** Vierte aproximadamente 41 de taza de la mezcla en la sartén caliente para formar cada "cake". Cocina durante 2-3 minutos por cada lado, o hasta que los bordes estén dorados y aparezcan burbujas en la superficie. Voltea con cuidado con una espátula.
5. **Servir:** Retira los "cakes" cocidos de la sartén y colócalos en un plato. Repite el proceso con el resto de la masa, engrasando la sartén si es necesario entre tandas.
6. **Disfrutar:** Sirve tus "cakes" de avena y espinaca calientes. Puedes acompañarlos con frutas frescas, un poco más de tu endulzante preferido, yogur, o lo que más te guste.

TORTILLA ESPAÑOLA

Preparación: 10 minuto
Cocción: 15-20 minutos
Rinde: 1 porción individual

Ingredientes:

- 1 taza de papa pelada y cortada en cubos pequeños
- ½ cebolla picada finamente
- ¼ taza de claras de huevo
- 1 diente de ajo pequeño, picado finamente (opcional)
- Sal al gusto
- Pimienta negra molida al gusto
- 1 cucharadita de aceite de oliva (o el de tu preferencia)

Preparación:

1. **Cocinar la papa y la cebolla:**
    - En una sartén pequeña antiadherente, calienta el aceite de oliva a fuego medio.
    - Agrega la papa en cubos y la cebolla picada. Si deseas, añade el ajo picado.
    - Sazona con sal y pimienta al gusto.
    - Cocina a fuego medio-bajo, removiendo ocasionalmente, hasta que la papa esté tierna y la cebolla transparente (aproximadamente 10-15 minutos). Si es necesario, puedes tapar la sartén para que la papa se cocine más rápido con el vapor.

2. **Preparar las claras de huevo:**
    - Mientras se cocinan las verduras, en un tazón pequeño, bate ligeramente las claras de huevo con un tenedor.
    - Sazona con un poco de sal y pimienta.

3. **Combinar los ingredientes:**
    - Una vez que la papa y la cebolla estén cocidas, retira la sartén del fuego brevemente.
    - Vierte las claras de huevo batidas sobre la mezcla de papa y cebolla en la sartén.
    - Asegúrate de que las claras cubran bien las verduras.

4. **Cuajar la tortilla:**
    - Vuelve a colocar la sartén a fuego bajo.
    - Cocina sin remover durante unos 3-5 minutos, o hasta que los bordes de la tortilla comiencen a verse cocidos y la parte inferior esté ligeramente dorada. La parte superior aún estará algo líquida.

5. **Dar la vuelta (opcional, pero recomendado para una cocción uniforme):**
    - Si deseas que ambos lados estén bien cocidos, puedes voltear la tortilla. Para esto, puedes usar un plato:
        - Coloca un plato llano sobre la sartén.
        - Con cuidado y rapidez, invierte la sartén para que la tortilla caiga sobre el plato.
        - Vuelve a colocar la sartén en el fuego.
        - Desliza suavemente la tortilla del plato a la sartén, con el lado no cocido hacia abajo.
        - Cocina por otros 2-3 minutos, o hasta que esté dorada y completamente cocida por dentro.

6. **Servir:** Retira la tortilla del fuego y sírvela caliente o a temperatura ambiente. Puedes cortarla en porciones si lo deseas, aunque esta receta es para una porción individual.

BAGUETTE FRESCA

Preparación: 10 minutos

Cocción: No requiere cocción

Rinde: 1 porción

Ingredientes:

- 1 baguette integral (aproximadamente 20-25 cm de largo)
- 2-3 rebanadas de jamón de pavo bajo en sodio
- 2-3 rebanadas de queso panela
- 1/2 jitomate mediano, rebanado finamente
- 1/4 de pepino mediano, rebanado finamente
- 1 cucharada de arándanos frescos o deshidratados (sin azúcar añadida)
- 1 cucharadita de aceite de oliva extra virgen
- Opcional: Unas hojas de lechuga fresca, un toque de mostaza Dijon baja en sodio o hierbas frescas picadas (como albahaca o perejil).

Preparación:

1. **Prepara la baguette:** Abre la baguette a lo largo con un cuchillo de sierra, sin separarla completamente en dos partes.
2. **Adereza ligeramente:** Rocía el interior de ambas mitades de la baguette con el aceite de oliva extra virgen.
3. **Coloca los ingredientes:**
   - Distribuye las rebanadas de jamón de pavo sobre una de las mitades de la baguette.
   - Coloca las rebanadas de queso panela sobre el jamón.
   - Acomoda las rebanadas de jitomate y pepino sobre el queso.
   - Esparce los arándanos sobre los vegetales.
4. **Opcionales:** Si deseas, coloca unas hojas de lechuga sobre los vegetales o unta ligeramente una de las mitades de la

baguette con mostaza Dijon baja en sodio. Espolvorea hierbas frescas picadas si las estás utilizando.
5. **Arma el baguette:** Cierra con cuidado la baguette.
6. **Sirve:** Disfruta tu baguette saludable y fresca inmediatamente.

BOWL ENERGÉTICO DE AVENA, QUINOA Y FRUTAS FRESCAS

Preparación: 5 minutos (si la quinoa ya está cocida) / 20 minutos (si necesitas cocinar la quinoa)

Cocción: 15 minutos (solo si necesitas cocinar la quinoa)

Rinde: 1 porción

Ingredientes:

- 21 taza de avena en hojuelas
- 41 taza de quinoa cocida (puedes cocinarla con anticipación o usar la que viene precocida)
- 1 cucharada de semillas de chía
- 21 taza de fresas frescas, lavadas y rebanadas
- 21 taza de uvas, lavadas y partidas por la mitad (si son grandes)
- 21 manzana, lavada, descorazonada y cortada en cubos
- 21 plátano (banana), pelado y rebanado
- Opcional:
    - Leche (de vaca, almendra, soya, coco, etc.) al gusto
    - Un chorrito de miel o jarabe de maple (para endulzar, si lo deseas)
    - Nueces o almendras picadas para un extra de crocante

Preparación:

1. **Cocinar la Quinoa (si es necesario):** Si no tienes quinoa cocida, enjuaga 41 taza de quinoa bajo agua fría. Colócala en una olla pequeña con 21 taza de agua o caldo vegetal. Lleva a ebullición, luego reduce el fuego a bajo, tapa y cocina durante unos 15 minutos o hasta que el líquido se haya absorbido y la quinoa esté suave y esponjosa. Deja enfriar un poco.
2. **Preparar la Base:** En un bowl, coloca la avena cocida (si la prefieres tibia, puedes calentarla un poco con leche en el

microondas o en una olla). Agrega la quinoa cocida y las semillas de chía.

3. **Añadir las Frutas:** Dispón de forma atractiva las fresas rebanadas, las uvas partidas, los cubos de manzana y las rodajas de plátano sobre la base de avena y quinoa.

4. **Opcionales:**
   - Si deseas una consistencia más suave, puedes añadir un poco de leche a tu gusto.
   - Si prefieres un toque dulce, rocía un poco de miel o jarabe de maple por encima.
   - Para un extra de textura y nutrientes, espolvorea algunas nueces o almendras picadas.

Notas:

- Puedes preparar la quinoa con anticipación y guardarla en el refrigerador por unos días para ahorrar tiempo.
- Si prefieres la avena fría, puedes remojarla en leche o agua durante la noche en el refrigerador

TOSTADAS SALUDABLES DE RAJAS POBLANAS

Preparación: 10 minutos

Cocción: 5 minutos (principalmente para calentar las rajas si están frías)

Rinde: 4 tostadas

Ingredientes:

- 1 taza de rajas poblanas (ya cocidas)
- 100 gramos de queso panela, desmoronado o en cubos pequeños
- 4 tostadas horneadas
- 1 jitomate mediano, picado en cubos pequeños
- ½ aguacate mediano, rebanado o machacado
- ½ taza de papaya, pelada y picada en cubos pequeños
- Opcional: Unas gotas de limón o salsa picante suave

Preparación:

1. **Prepara los ingredientes:** Asegúrate de tener todos los ingredientes listos y picados. Si las rajas poblanas están frías, puedes calentarlas ligeramente en un sartén a fuego bajo durante unos minutos.
2. **Arma las tostadas:** Coloca una tostada horneada en una superficie plana.
3. **Base de rajas:** Distribuye una porción generosa de rajas poblanas sobre cada tostada.
4. **Queso panela:** Espolvorea el queso panela desmoronado o distribuye los cubos sobre las rajas.
5. **Jitomate fresco:** Agrega los cubitos de jitomate sobre el queso.
6. **Aguacate cremoso:** Coloca rebanadas de aguacate o una cucharada de aguacate machacado sobre cada tostada.
7. **Toque dulce:** Distribuye los cubitos de papaya sobre el aguacate.

8. **Opcional:** Si lo deseas, rocía unas gotas de limón para darle un toque cítrico o añade unas gotas de salsa picante suave para un poco de sabor.

CREPAS SALADAS DE CALABACITA Y QUESO PANELA

Preparación: 10 minutos

Cocción: 10-12 minutos

Rinde: 2 crepas grandes

Ingredientes:

- 2 huevos
- 1/2 calabacita mediana rallada
- 1/4 cucharadita de sal (o al gusto)
- 1/4 cucharadita de ajo en polvo (opcional)
- Una pizca de pimienta negra molida (o al gusto)
- 40-50 gramos de queso panela rallado o en cubos pequeños
- 1/2 jitomate mediano picado en cubos pequeños
- 2 panes pita integrales

Preparación:

1. **Prepara la masa de crepa:** En un tazón mediano, bate los huevos con la sal, el ajo en polvo (si lo usas) y la pimienta hasta que estén bien combinados.
2. **Incorpora la calabacita:** Agrega la calabacita rallada a la mezcla de huevo y revuelve suavemente para distribuirla de manera uniforme.
3. **Calienta la sartén:** Calienta una sartén antiadherente a fuego medio. Si es necesario, puedes engrasar ligeramente con un poco de aceite en aerosol o una gota de aceite vegetal y extenderlo con una servilleta.
4. **Cocina la primera crepa:** Vierte la mitad de la mezcla de huevo y calabacita en la sartén caliente. Inclina la sartén rápidamente en movimientos circulares para que la mezcla se extienda de manera uniforme y forme una capa delgada.
5. **Añade el relleno:** Cocina la crepa durante 2-3 minutos, o hasta que los bordes se vean ligeramente dorados y la superficie ya no

esté líquida. Espolvorea la mitad del queso panela rallado y la mitad del jitomate picado sobre una mitad de la crepa.
6. **Dobla y cocina:** Con una espátula, dobla la crepa por la mitad, formando una media luna. Cocina durante 1-2 minutos más por cada lado, o hasta que el queso se haya derretido ligeramente y la crepa esté dorada.
7. **Repite el proceso:** Retira la primera crepa y repite los pasos 4-6 con la mezcla de huevo restante, el queso panela y el jitomate.
8. **Prepara el pan pita:** Mientras se cocina la segunda crepa, puedes calentar ligeramente los panes pita en la misma sartén durante unos segundos por cada lado o en un tostador. Esto los hará más suaves y fáciles de rellenar.
9. **Sirve:** Coloca cada crepa dentro de un pan pita caliente. Puedes cortar las crepas por la mitad si lo deseas para que sean más fáciles de comer.

Opciones y Variaciones:

- Puedes agregar otras verduras ralladas a la mezcla de huevo, como zanahoria o espinaca finamente picada.
- Si deseas un sabor más intenso, puedes sofreír un poco de cebolla picada antes de agregarla a la mezcla de huevo.
- Puedes sustituir el queso panela por otro queso bajo en grasa que se derrita bien, como mozzarella parcialmente descremada.
- Para un toque extra de sabor, puedes agregar hierbas frescas picadas a la mezcla de huevo, como perejil o cilantro.
- Si no tienes pan pita, puedes disfrutar las crepas solas o acompañadas de una ensalada fresca.

BROWNIE SALUDABLE

Preparación: 5 minutos

Cocción:

- **Microondas:** 1-2 minutos
- **Freidora de aire:** 8-10 minutos

Rinde: 1 porción grande o 2 pequeñas

Ingredientes:

- 1 plátano maduro
- 2 cucharadas de cacao en polvo sin azúcar
- 2 cucharadas de leche (la que prefieras: vaca, almendra, soya, etc.)
- 1/2 taza de avena en hojuelas
- 1 cucharada de almendras picadas (opcional)
- 1 cucharada de crema de cacahuate natural
- 1/4 cucharadita de extracto de vainilla
- 1 cucharadita de azúcar (o al gusto, puedes usar endulzante como stevia o eritritol)
- 1/4 cucharadita de polvo para hornear
- Una pizca de canela en polvo

Preparación:

1. **Prepara el plátano:** En un tazón pequeño, machaca el plátano con un tenedor hasta obtener un puré suave.
2. **Mezcla los ingredientes húmedos:** Agrega al tazón con el plátano machacado el cacao en polvo, la leche, la crema de cacahuate y el extracto de vainilla. Mezcla bien hasta que todos los ingredientes estén incorporados y no queden grumos de cacao.
3. **Incorpora los ingredientes secos:** Añade al tazón la avena, el azúcar (o endulzante), el polvo para hornear y la canela. Mezcla suavemente hasta que todos los ingredientes secos

se integren a la mezcla húmeda. Si deseas, agrega las almendras picadas.
4. **Transfiere a un molde:**
    - **Microondas:** Vierte la mezcla en una taza grande apta para microondas o en un molde pequeño individual previamente engrasado ligeramente.
    - **Freidora de aire:** Vierte la mezcla en un molde pequeño apto para freidora de aire previamente engrasado ligeramente.
5. **Cocina:**
    - **Microondas:** Cocina a potencia alta durante 1-2 minutos. Vigila el brownie, ya que el tiempo puede variar según la potencia de tu microondas. Estará listo cuando los bordes estén firmes y el centro aún ligeramente húmedo.
    - **Freidora de aire:** Coloca el molde en la canasta de la freidora de aire y cocina a 180°C (350°F) durante 8-10 minutos, o hasta que al insertar un palillo en el centro salga ligeramente húmedo pero sin masa líquida.
6. **Enfría y disfruta:** Deja enfriar ligeramente antes de disfrutar. Puedes comerlo directamente del molde o desmoldarlo con cuidado.

SÁNDWICH CAPRESSE

Preparación: 10 minutos

Cocción: 5-7 minutos (si se decide tostar el pan)

Rinde: 1 sándwich

Ingredientes:

- 2 rebanadas de pan integral o de grano entero (aprox. 1 cm de grosor)
- 1 jitomate mediano, rebanado finamente
- Un puñado generoso de hojas de espinacas frescas y lavadas
- 4-5 hojas de albahaca fresca
- 50-70g de queso panela rebanado (aproximadamente 1/4 de pieza mediana)
- 2-3 rebanadas finas de guayaba fresca (opcional, para un toque dulce y tropical)
- 1 cucharadita de aceite de oliva extra virgen
- **Proteína Animal (elige una opción):**
    - 30-50g de pechuga de pollo cocida y deshebrada o en láminas finas
    - 30-50g de jamón de pavo bajo en sodio
    - 1 huevo cocido rebanado
    - 30-50g de atún en agua escurrido

Preparación :

1. **Prepara los Ingredientes:** Lava y rebana el jitomate y la guayaba (si la usas). Lava y seca las hojas de espinaca y albahaca. Rebana el queso panela y la proteína animal que hayas elegido.
2. **Tuesta el Pan (Opcional):** Si prefieres un sándwich más crujiente, puedes tostar ligeramente las rebanadas de pan en una sartén seca a fuego medio durante 2-3 minutos por cada lado, o en un tostador.

3. **Arma la Base:** Coloca una de las rebanadas de pan como base. Rocía ligeramente con la mitad del aceite de oliva.
4. **Crea Capas de Sabor:**
    - Distribuye las hojas de espinaca sobre la base de pan.
    - Coloca las rebanadas de jitomate sobre las espinacas.
    - Intercala las rebanadas de queso panela entre las de jitomate.
    - Si usas guayaba, coloca las rebanadas sobre el queso panela.
    - Distribuye las hojas de albahaca fresca sobre las capas anteriores.
    - Añade la proteína animal de manera uniforme sobre la albahaca.
5. **Finaliza y Sella:** Rocía la segunda rebanada de pan con el resto del aceite de oliva y colócala sobre el relleno, formando el sándwich.
6. **Sirve y Disfruta:** Puedes cortar el sándwich por la mitad para facilitar su consumo. ¡Disfruta de esta versión saludable y llena de sabor del clásico Caprese!

CAKES DE MANZANA

Preparación: 10 minutos

Cocción: 15-20 minutos

Rinde: Aproximadamente 4-6 mini cakes

Ingredientes:

- 1/2 taza de avena en hojuelas
- 1 manzana mediana, pelada y rallada finamente
- 2 huevos
- 1 taza de espinacas frescas, bien lavadas y picadas finamente
- 1/4 taza de almendras picadas (puedes usar harina de almendras si prefieres una textura más suave)
- 1/4 taza de leche (la que prefieras: vaca, almendra, soya, etc.)
- 1 cucharadita de canela en polvo
- Una pizca de sal
- Aceite de coco o mantequilla para engrasar la sartén

Topping:

- Yogur griego natural (sin azúcar)
- Canela en polvo adicional (opcional)
- Trozos pequeños de manzana o almendras picadas (opcional)

Preparación:

1. **Mezcla los ingredientes húmedos:** En un tazón mediano, bate los huevos con la leche y la sal hasta que estén bien integrados.
2. **Incorpora la manzana y la avena:** Agrega la manzana rallada y la avena a la mezcla de huevo. Remueve bien para que la avena se humedezca.

3. **Añade los "verdes":** Incorpora las espinacas picadas y las almendras picadas a la mezcla. Mezcla suavemente para distribuirlas de manera uniforme.
4. **El toque aromático:** Agrega la canela en polvo y mezcla nuevamente.
5. **Calienta la sartén:** Coloca una sartén antiadherente grande a fuego medio-bajo. Engrasa ligeramente con aceite de coco o mantequilla.
6. **Cocina los mini cakes:** Vierte porciones de la mezcla en la sartén caliente. Utiliza aproximadamente 1/4 de taza de mezcla por cada mini cake. Cocina durante unos 5-7 minutos por cada lado, o hasta que estén dorados y cocidos por dentro. Puedes voltearlos con cuidado con una espátula. Asegúrate de que el fuego no esté demasiado alto para evitar que se quemen por fuera y queden crudos por dentro.
7. **Retira y enfría ligeramente:** Retira los mini cakes cocidos de la sartén y colócalos en un plato.y nutritivo.

PAN FRANCÉS CON HUEVOS A LA MEXICANA

Preparación: 10 minutos

Cocción: 10-12 minutos

Rinde: 1 porción

Ingredientes:

- **Para el "Pan Francés":**
    - 1/2 taza de avena en hojuelas
    - 1/4 taza de leche (la que prefieras)
    - 1 huevo
    - 1/4 de manzana rallada finamente
    - 1/4 cucharadita de canela en polvo
    - Unas cuantas almendras picadas (opcional)
    - Un poco de aceite de coco o mantequilla para engrasar la sartén

- **Para los Huevos a la Mexicana:**
    - 1 huevo
    - 1/4 taza de espinacas frescas picadas
    - 1 cucharada de cebolla picada finamente (opcional)
    - 1 cucharada de tomate picado finamente (opcional)
    - Una pizca de sal y pimienta al gusto
    - Un poco de aceite de oliva o el mismo de la sartén para cocinar los huevos

- **Para el Topping:**
    - 2 cucharadas de yogur griego natural
    - Un poco más de canela en polvo (opcional)
    - Unas cuantas almendras laminadas (opcional)

1. **Preparación:**

2. **Prepara la mezcla del "pan francés":** En un tazón mediano, combina la avena, la leche, el huevo, la manzana rallada y la canela. Mezcla bien hasta obtener una consistencia homogénea. Si deseas, agrega las almendras picadas. Deja reposar la mezcla por unos 5 minutos para que la avena se hidrate un poco.
3. **Cocina el "pan francés":** Calienta una sartén antiadherente a fuego medio y engrasa ligeramente con aceite de coco o mantequilla. Vierte la mezcla de avena y manzana en la sartén, dándole una forma redonda u ovalada similar a un panqueque grueso.
4. **Cocina por ambos lados:** Cocina por un lado durante unos 3-4 minutos, o hasta que la parte inferior esté dorada y puedas voltearlo fácilmente. Voltea con cuidado y cocina por el otro lado durante otros 3-4 minutos, hasta que esté cocido por dentro y dorado por fuera. Retira el "pan francés" de la sartén y reserva en un plato.
5. **Prepara los huevos a la mexicana:** En la misma sartén (si es necesario, agrega un poco más de aceite de oliva), cocina la cebolla picada (si la usas) a fuego medio hasta que esté transparente, aproximadamente 2 minutos. Agrega el tomate picado (si lo usas) y cocina por un minuto más.
6. **Incorpora las espinacas:** Agrega las espinacas picadas a la sartén y cocina hasta que se marchiten, aproximadamente 1-2 minutos.
7. **Cocina el huevo:** Haz un hueco en el centro de las verduras y rompe el huevo dentro. Sazona con sal y pimienta al gusto. Cocina el huevo al término que prefieras (yema líquida o cocida). Puedes tapar la sartén por un minuto si deseas que la yema se cocine un poco más rápido.
8. **Sirve:** Coloca el "pan francés" de avena y manzana en un plato. Coloca los huevos a la mexicana encima.
9. **Añade el topping:** Cubre con el yogur griego y, si lo deseas, espolvorea con un poco más de canela y decora con almendras laminadas.

COMIDAS

CHILE RELLENO

Preparación: 15 minutos

Cocción:

- **Estufa:** 10-15 minutos
- **Freidora de aire:** 8-12 minutos

Rinde: 2 porciones

Ingredientes:

- 2 chiles poblanos medianos (o pimientos morrones grandes)
- 50g de jamón de pavo o pollo, picado finamente
- 50g de queso Oaxaca o panela bajo en grasa, deshebrado o en cubos pequeños
- 50g de pollo cocido y deshebrado finamente
- 1/4 taza de quinoa cocida
- 1 huevo
- 1 cucharada de harina de avena o integral
- Una pizca de sal y pimienta
- Aceite en aerosol o una cucharadita de aceite vegetal (si se cocina en estufa)

Preparación:

1. **Prepara los Chiles:**

    - **Opción 1 (Asado rápido en estufa):** Coloca los chiles directamente sobre la flama de la estufa a fuego medio-alto. Gira constantemente hasta que la piel esté completamente quemada y negra por todos lados. Coloca los chiles quemados en una bolsa de plástico y cierra por unos minutos para que suden. Esto facilitará pelarlos. Una vez que se enfríen un poco, retira la piel quemada con cuidado bajo el chorro de agua. Haz un corte a lo largo del chile sin

llegar a los extremos y retira las semillas y las venas con cuidado.
- **Opción 2 (Freidora de aire):** Precalienta la freidora de aire a 200°C (390°F). Lava y seca los chiles. Haz un corte a lo largo de cada chile sin llegar a los extremos y retira las semillas y las venas con cuidado. Rocía los chiles ligeramente con aceite en aerosol. Cocina en la freidora de aire durante 5-7 minutos, volteando a la mitad del tiempo, hasta que estén suaves pero aún firmes.

2. **Prepara el Relleno "Saludable":** En un tazón pequeño, mezcla el jamón picado, el queso deshebrado, el pollo deshebrado y la quinoa cocida. Sazona con una pizca de sal y pimienta al gusto.

3. **Rellena los Chiles:** Rellena cada chile con la mezcla preparada, asegurándote de que quede bien distribuida.

4. **Prepara el Capeado "Ligero":** En un tazón pequeño, bate el huevo con la harina de avena o integral hasta obtener una mezcla homogénea. Sazona con una pizca de sal y pimienta.

5. **Cocina los Chiles Rellenos:**
    - **Opción Estufa:** Calienta una sartén antiadherente a fuego medio con una cucharadita de aceite vegetal o un poco de aceite en aerosol. Pasa cada chile relleno por la mezcla de huevo, asegurándote de que quede cubierto. Coloca los chiles rellenos en la sartén caliente y cocina durante 3-5 minutos por cada lado, o hasta que estén dorados y el huevo esté cocido.
    - **Opción Freidora de Aire:** Pasa cada chile relleno por la mezcla de huevo, asegurándote de que quede cubierto. Coloca los chiles rellenos con cuidado en la canasta de la freidora de aire. Cocina a 180°C (350°F) durante 8-12 minutos, volteando a la mitad del tiempo, hasta que estén dorados y el huevo esté cocido.
6. **Sirve:** Sirve los chiles rellenos calientes. Puedes acompañarlos con una salsa de tomate casera ligera o una ensalada fresca.

CHAMPIÑONES AL CHIPOTLE

Preparación: 10 minutos

Cocción: 15 minutos

Rinde: 2 porciones

Ingredientes:

- 2 tazas de champiñones frescos, rebanados
- 1/4 cebolla blanca o morada, finamente picada
- 1 diente de ajo, picado finamente
- 1 cucharada de aceite de oliva o aguacate
- 1/2 - 1 cucharadita de chipotle molido (ajusta al gusto por el picante)
- 2 cucharadas de yogur griego natural sin azúcar
- Sal y pimienta negra recién molida al gusto
- 2/3 taza de arroz blanco o integral cocido
- 2 tazas de lechuga romana o mixta, lavada y desinfectada
- 1/2 zanahoria rallada
- 1/2 aguacate, rebanado o en cubos

Preparación:

1. **Prepara los vegetales:** Lava y rebana los champiñones. Pica finamente la cebolla y el ajo. Ralla la zanahoria y corta o rebana el aguacate. Reserva la lechuga y el arroz cocido.
2. **Sofríe los aromáticos:** Calienta el aceite en una sartén grande a fuego medio. Agrega la cebolla picada y cocina hasta que esté transparente y suave, aproximadamente 3-5 minutos. Incorpora el ajo picado y cocina por 1 minuto más, cuidando que no se queme
3. **Cocina los champiñones:** Agrega los champiñones rebanados a la sartén. Cocina, revolviendo ocasionalmente, hasta que suelten su líquido y se doren ligeramente, aproximadamente 8-10 minutos.
4. **Añade el toque de chipotle:** Reduce el fuego a bajo y espolvorea el chipotle molido sobre los champiñones. Mezcla

bien para que se incorpore el sabor. Cocina por 1-2 minutos más para que se liberen los aromas.
5. **Cremado ligero:** Retira la sartén del fuego y agrega el yogur griego. Mezcla suavemente hasta que los champiñones estén ligeramente cubiertos por una salsa cremosa. Sazona con sal y pimienta al gusto. (
6. **Sirve:** Divide la lechuga en dos platos o tazones. Coloca el arroz cocido sobre la lechuga. Agrega los champiñones al chipotle sobre el arroz. Esparce la zanahoria rallada y coloca las rebanadas o cubos de aguacate a un lado.

CREMA DE POBLANOS CON ELOTE

Preparación: 10 minutos

Cocción: 15-20 minutos

Rinde: 2-3 porciones

Ingredientes:

- 1/2 taza de rajas de poblano (pueden ser enlatadas o asadas y peladas previamente)
- 1 taza de leche (puede ser entera, descremada, vegetal)
- 1 diente de ajo pequeño, finamente picado
- 1/4 de cebolla blanca pequeña, finamente picada
- 1/2 taza de elote (fresco, congelado o enlatado escurrido)
- 80 grs de queso Oaxaca, deshebrado
- 1/2 taza de garbanzos cocidos (pueden ser de lata, enjuagados y escurridos)
- 2/3 de taza de arroz blanco cocido
- 1 cucharada de aceite de oliva (opcional)
- Sal y pimienta al gusto

Preparación:

1. **Sofríe aromáticos:** En una olla mediana a fuego medio, calienta el aceite de oliva (si lo usas). Agrega el ajo picado y la cebolla picada y sofríe hasta que estén transparentes y fragantes, aproximadamente 3-5 minutos.
2. **Incorpora los sabores principales :** Agrega a la olla las rajas de poblano y el elote. Cocina por unos minutos más, removiendo ocasionalmente, para que los sabores se integren.
3. **Licúa la base cremosa :** Retira la olla del fuego y vierte la mezcla de poblanos y elote en una licuadora. Agrega la leche y los garbanzos cocidos. Licúa hasta obtener una crema suave y homogénea. Si deseas una textura más fina, puedes pasar la crema por un colador.

4. **Regresa al fuego y espesa :** Vierte la crema licuada nuevamente en la olla. Calienta a fuego bajo, removiendo constantemente para evitar que se pegue. Agrega el arroz cocido y el queso Oaxaca deshebrado. Cocina hasta que el queso se derrita por completo y la crema espese ligeramente. Prueba y sazona con sal y pimienta al gusto.
5. **Sirve y disfruta (opcional):** Sirve la crema caliente. Puedes decorar con unas rajas extras, granos de elote o un poco más de queso Oaxaca deshebrado.

Notas:

- Si utilizas rajas de poblano enlatadas, asegúrate de escurrirlas bien antes de usarlas. Si tienes poblanos frescos, puedes asarlos directamente en la estufa, pelarlos, quitarles las semillas y venas, y luego cortarlos en rajas. Esto agregará un sabor más ahumado a la crema.
- Puedes ajustar la cantidad de leche para obtener la consistencia deseada. Si prefieres una crema más espesa, usa menos leche.
- El arroz cocido ayuda a espesar la crema de forma natural y le da un toque extra de textura.
- Los garbanzos aportan cremosidad y fibra a la crema, haciéndola más nutritiva.
- Si no tienes queso Oaxaca, puedes usar otro queso que se derrita fácilmente, como queso mozzarella o manchego en hebras.
- Para una opción vegana, utiliza leche vegetal y omite el queso Oaxaca o sustitúyelo por una alternativa vegana que se derrita.

PORTOBELLO CON PURÉ CREMOSO Y ENSALADA

Preparación: 10 minutos

Cocción: 15-20 minutos

Rinde: 2 porciones

Ingredientes:

- 2 hongos portobello grandes
- 1 papa mediana
- 1/2 cucharada de mantequilla (o aceite de oliva para una opción vegana)
- 1 diente de ajo pequeño, finamente picado
- 1/4 de cebolla pequeña, finamente picada
- Sal y pimienta negra recién molida al gusto
- 1 1/2 taza de col blanca o morada, finamente rallada o en juliana
- 1/2 zanahoria mediana, rallada
- 1 cucharada de mayonesa light (o yogur griego natural para una opción más ligera)
- 1 cucharada de mostaza Dijon (o la de tu preferencia)

Preparación:

1. **Prepara la papa :** Lava y pela la papa. Córtala en trozos pequeños y uniformes para que se cocine más rápido. Coloca los trozos de papa en una olla pequeña con agua fría y una pizca de sal. Lleva a ebullición a fuego alto.
2. **Prepara los portobellos y los aromáticos :** Mientras la papa se cocina, limpia los portobellos con un paño húmedo (evita lavarlos bajo el grifo para que no absorban demasiada agua). Retira el tallo (puedes picarlo finamente y añadirlo a la cocción de los portobellos si deseas). Pica finamente el ajo y la cebolla.
3. **Cocina los portobellos:** Calienta una sartén grande a fuego medio. Agrega un poco de aceite de oliva (si no usas

mantequilla). Cuando esté caliente, añade los portobellos (con la parte de las láminas hacia abajo al principio). Cocina por 3-5 minutos por cada lado, hasta que estén tiernos y ligeramente dorados. Hacia el final de la cocción, agrega el ajo y la cebolla picados a la sartén y cocina por 1-2 minutos más, hasta que estén fragantes (ten cuidado de que no se quemen). Sazona los portobellos con sal y pimienta al gusto. Reserva los portobellos cocidos en un plato.

4. **Prepara el puré :** Verifica que la papa esté tierna (puedes pincharla fácilmente con un tenedor). Retira la olla del fuego y escúrrela bien. Regresa la papa cocida a la misma olla. Agrega la mantequilla (o aceite de oliva), sal y pimienta al gusto. Tritura la papa con un machacador de papas o un tenedor hasta obtener un puré suave y cremoso. Si lo deseas más ligero, puedes añadir un chorrito de leche o caldo vegetal (no incluido en los ingredientes originales, ajustar tiempo si se añade).

5. **Prepara la ensalada rápida :** En un tazón pequeño, mezcla la col rallada, la zanahoria rallada, la mayonesa y la mostaza. Revuelve bien hasta que todos los ingredientes estén integrados. Prueba y ajusta la sazón con un poco de sal y pimienta si es necesario.

TOSTADAS DE COL

Preparación: 10 minutos

Cocción: 15 minutos

Rinde: 4 tostadas

Ingredientes:

- 2 tazas de col blanca o morada rallada finamente
- 1 jitomate mediano, picado en cubos pequeños
- 1/4 de cebolla blanca pequeña, finamente picada
- 1 diente de ajo pequeño, finamente picado
- 1/2 - 1 chile chipotle en adobo (dependiendo del picante deseado), picado finamente (sin semillas si prefieres menos picante)
- 2 cucharadas de frijoles refritos (caseros o enlatados, bajos en grasa preferentemente)
- 1/2 aguacate mediano, rebanado o machacado
- 1 taza de brócoli, cortado en floretes pequeños
- 1 cucharada de aceite vegetal (oliva, aguacate, etc.)
- Sal y pimienta al gusto
- 4 tostadas horneadas (de maíz preferentemente)
- Opcional: Unas gotas de jugo de limón o cilantro fresco picado para decorar.

Preparación:

1. **Prepara los vegetales:** Lava y pica finamente la cebolla, el ajo y el jitomate. Pica también el chipotle en adobo. Corta el brócoli en floretes pequeños.

2. **Sofríe el brócoli:** En una sartén a fuego medio, calienta el aceite. Agrega el brócoli y cocina durante 5-7 minutos, revolviendo ocasionalmente, hasta que esté tierno pero aún crujiente y ligeramente dorado. Sazona con una pizca de sal y pimienta. Retira el brócoli de la sartén y reserva.

3. **Sofríe la base:** En la misma sartén, agrega la cebolla picada y cocina a fuego medio durante 2-3 minutos hasta que esté transparente. Agrega el ajo picado y cocina por 1 minuto más, hasta que desprenda su aroma.

4. **Incorpora el sabor:** Agrega el jitomate picado y el chipotle en adobo a la sartén. Cocina a fuego medio bajo durante 3-4 minutos, revolviendo ocasionalmente, hasta que el jitomate se haya suavizado ligeramente y los sabores se hayan integrado. Sazona con sal y pimienta al gusto.

5. **Prepara la col:** En un tazón aparte, mezcla la col rallada con una pizca de sal y pimienta. Puedes masajearla ligeramente con las manos para que se ablande un poco, si lo deseas

6. **Arma las tostadas:**
   - Unta una capa delgada de frijoles refritos sobre cada tostada.
   - Coloca una porción generosa de la mezcla de jitomate y chipotle sobre los frijoles.
   - Distribuye la col rallada sobre la mezcla de jitomate.
   - Agrega los floretes de brócoli salteados.
   - Finalmente, coloca rebanadas de aguacate o aguacate machacado sobre cada tostada.

7. **Sirve:** Opcionalmente, puedes rociar con unas gotas de jugo de limón y espolvorear cilantro fresco picado antes de servir.

TACOS DORADOS

Preparación: 10 minutos

Cocción: 15-20 minutos

Rinde: 5 tacos

Ingredientes:

- 5 tortillas de maíz
- 1 taza de coliflor cocida y desmenuzada (puedes hervirla o cocinarla al vapor previamente)
- 1/3 taza de garbanzos cocidos y machacados
- 1 diente de ajo pequeño picado finamente
- 1/4 de cebolla pequeña picada finamente
- Sal al gusto
- 1/2 cucharadita de paprika
- 1/4 cucharadita de pimienta negra molida
- Aceite vegetal en spray o una cucharada para cocinar
- **Para acompañar:**
    - 1 taza de lechuga rallada finamente
    - 1/4 taza de salsa de jitomate casera o comprada
    - 1/3 de aguacate rebanado o en cubos

Preparación:

1. **Prepara el relleno:**
    - En un tazón mediano, combina la coliflor desmenuzada, los garbanzos machacados, el ajo picado y la cebolla picada.
    - Sazona con sal, paprika y pimienta al gusto. Mezcla bien todos los ingredientes hasta que estén integrados.

2. **Rellena las tortillas:**

- Calienta ligeramente las tortillas en un comal o sartén por unos segundos por cada lado para que estén más flexibles y no se rompan al doblar.
- Coloca una porción del relleno de coliflor y garbanzos en el centro de cada tortilla.
- Dobla la tortilla por la mitad, formando un taco. Puedes usar palillos de madera para asegurar que no se abran durante la cocción (opcional).

3. **Dora los tacos:**

   - Calienta un sartén grande a fuego medio. Rocía con aceite vegetal en spray o agrega una cucharada de aceite vegetal y distribúyelo por toda la superficie.
   - Coloca los tacos rellenos en el sartén caliente, asegurándote de no sobrecargar el sartén para que se doren de manera uniforme.
   - Cocina los tacos por cada lado durante 3-4 minutos aproximadamente, o hasta que estén dorados y crujientes. Vigílalos para que no se quemen. Si usaste palillos, retíralos con cuidado antes de servir.

4. **Prepara los acompañamientos:**

   - Mientras los tacos se doran, ten lista la lechuga rallada, la salsa de jitomate y el aguacate rebanado o en cubos.

5. **Sirve y disfruta:**

   - Retira los tacos dorados del sartén y colócalos sobre un plato.
   - Sirve inmediatamente acompañados de lechuga rallada, salsa de jitomate y aguacate.

CEVICHE DE CHAMPIÑONES Y PALMITO

Preparación: 15 minutos

Marinado: 10 minutos

Rinde: 2-3 porciones

Ingredientes:

- 8 champiñones frescos, limpios y rebanados finamente
- 1/4 de palmito enlatado o fresco, rebanado finamente
- 1 jitomate mediano, sin semillas y picado en cubos pequeños
- 1 taza de pepino pelado y picado en cubos pequeños
- 1/4 de cebolla morada pequeña, finamente rebanada o picada
- Un puñado de cilantro fresco, picado finamente
- Jugo de 3-4 limones grandes (aproximadamente 1/2 taza o al gusto)
- 1 cucharada de salsa de soya baja en sodio (opcional, para un toque umami)
- 1 aguacate maduro, pelado y cortado en cubos
- 4 tostadas de nopal horneadas o tostadas integrales

Preparación:

1. **Prepara los vegetales:** Lava y desinfecta todos los vegetales. Rebana finamente los champiñones y el palmito. Pica el jitomate y el pepino en cubos pequeños. Rebana finamente o pica la cebolla morada. Pica finamente el cilantro.
2. **Marina los champiñones y el palmito:** En un tazón mediano, combina los champiñones y el palmito rebanados. Vierte el jugo de limón fresco sobre ellos, asegurándote de que queden bien cubiertos. Si deseas utilizar salsa de soya, agrégala en este punto.

3. **Deja "cocinar" (marinar):** Deja reposar la mezcla de champiñones y palmito en el jugo de limón durante al menos 10 minutos. El ácido del limón ayudará a "cocinar" y ablandar los vegetales, además de darles un sabor delicioso. Revuelve ocasionalmente.
4. **Incorpora los demás ingredientes:** Después del Marinado, agrega al tazón el jitomate picado, el pepino, la cebolla morada y el cilantro picado. Mezcla suavemente para combinar todos los ingredientes.
5. **Añade el aguacate:** Justo antes de servir, incorpora los cubos de aguacate al ceviche. Mezcla con cuidado para no deshacerlos.
6. **Sirve:** Sirve el ceviche vegano de champiñones y palmito inmediatamente sobre las tostadas de nopal.

Notas:

- Puedes ajustar la cantidad de jugo de limón y sal al gusto.
- Si no tienes salsa de soya, puedes omitirla o agregar una pizca de sal para realzar los sabores.
- Para un toque picante, puedes agregar un poco de chile serrano o jalapeño finamente picado junto con la cebolla.
- Este ceviche se disfruta mejor fresco. No se recomienda prepararlo con mucha anticipación, ya que los vegetales pueden volverse demasiado blandos.
- Si no tienes tostadas de nopal, puedes usar tostadas de maíz horneadas o totopos integrales.

ENSALADA TIBIA DE SALMÓN PICANTE

Preparación: 5 minutos

Cocción: 8-10 minutos

Rinde: 1 porción grande

Ingredientes:

- 1 filete de salmón (aproximadamente 150-200g)
- 1 cucharadita de aceite de oliva (o el de tu preferencia)
- 1/4 - 1/2 cucharadita de chipotle molido (ajusta al nivel de picante deseado)
- Sal y pimienta negra recién molida al gusto
- 1 1/2 taza de arroz blanco o integral cocido (preferiblemente tibio o a temperatura ambiente)
- 1 1/2 taza de mezcla de lechuga y espinaca lavada y cortada
- 1/2 taza de zanahoria rallada
- 1/2 aguacate rebanado o en cubos

Preparación:

1. **Prepara el salmón:** Seca el filete de salmón con papel de cocina. En un plato pequeño, mezcla el aceite de oliva con el chipotle molido, sal y pimienta al gusto.
2. **Sazona el salmón:** Cubre ambos lados del filete de salmón con la mezcla de aceite y chipotle, asegurándote de que quede bien impregnado.
3. **Cocina el salmón:**
    1. **Sartén:** Calienta una sartén antiadherente a fuego medio-alto. Cocina el salmón durante 4-5 minutos por cada lado, o hasta que esté dorado por fuera y cocido por dentro (la carne debe separarse fácilmente con un tenedor). El tiempo puede variar según el grosor del filete.

2. **Freidora de aire (opcional):** Precalienta la freidora de aire a 200°C (390°F). Coloca el salmón en la canasta y cocina durante 8-10 minutos, o hasta que esté dorado y cocido.
4. **Arma la ensalada:** En un plato hondo o tazón, coloca la mezcla de lechuga y espinaca como base. Añade la zanahoria rallada y el arroz cocido.
5. **Incorpora el aguacate:** Distribuye las rebanadas o cubos de aguacate sobre la ensalada.
6. **Añade el salmón:** Desmenuza el salmón cocido con un tenedor y colócalo sobre la ensalada.
7. **Sirve inmediatamente:** Disfruta de esta ensalada tibia y llena de sabor. No es necesario añadir aderezo adicional, ya que el aceite y el chipotle del salmón le dan un toque delicioso. Si lo deseas, puedes añadir un chorrito de jugo de limón o vinagreta ligera.

CEVICHE DE ATÚN

Preparación: 15 minutos

Tiempo de "cocción": 15 minutos

Rinde: 2-3 porciones

Ingredientes:

- 300g de atún fresco de calidad para sushi, cortado en cubos de 1-1.5 cm
- 1 jitomate mediano, sin semillas y picado en cubos pequeños
- 1 taza de pepino, sin semillas y picado en cubos pequeños
- 1/2 cebolla morada pequeña, finamente rebanada o picada
- 1/4 taza de cilantro fresco picado
- Jugo de 4-5 limones grandes (aproximadamente 1/2 - 3/4 taza, suficiente para cubrir el atún)
- 2 cucharadas de salsa de soya baja en sodio (opcional, pero realza el sabor)
- Sal y pimienta negra recién molida al gusto
- 1-2 aguacates maduros, pelados y en cubos o rebanadas
- 5 tostadas horneadas o de maíz

Preparación:

1. **Prepara los vegetales:** Lava y pica el jitomate y el pepino en cubos pequeños. Rebana finamente o pica la cebolla morada. Pica el cilantro fresco. Reserva todo por separado.
2. **"Cocina" el atún:** En un tazón de vidrio o cerámica (evita el metal), coloca los cubos de atún. Vierte el jugo de limón fresco sobre el atún, asegurándote de que quede completamente cubierto. Agrega una pizca de sal.
3. **Marinar el atún:** Refrigera el tazón con el atún y el jugo de limón durante al menos 15 minutos. El ácido del limón "cocinará" el atún, haciendo que cambie de color y se vuelva más firme.

4. **Combina los ingredientes:** Después de 15 minutos, retira el atún del refrigerador. Agrega al tazón el jitomate picado, el pepino, la cebolla morada y el cilantro.
5. **Sazona y añade soya (opcional):** Incorpora la salsa de soya (si la usas) y mezcla suavemente todos los ingredientes. Prueba y ajusta la sazón con sal y pimienta al gusto. Si deseas más acidez, puedes agregar un poco más de jugo de limón.
6. **Incorpora el aguacate:** Justo antes de servir, añade los cubos o rebanadas de aguacate al ceviche y mezcla con cuidado para no deshacerlos.
7. **Sirve:** Sirve el ceviche de atún inmediatamente sobre las tostadas.

Notas:

- El tiempo de "cocción" en el limón puede variar ligeramente dependiendo del tamaño de los cubos de atún y tu preferencia de textura. Generalmente, 15-20 minutos son suficientes.
- Puedes añadir otros ingredientes a tu gusto, como un poco de chile serrano finamente picado para un toque picante o trozos de mango para un contraste dulce.
- Este ceviche se disfruta mejor fresco. No se recomienda prepararlo con mucha antelación, ya que la textura del atún puede volverse gomosa con el tiempo en el limón.

PASTA TORNILLO PICANTE CON BRÓCOLI

Preparación: 5 minutos

Cocción: 12-15 minutos

Rinde: 2 porciones

Ingredientes:

- 200g de pasta tornillo integral (o la de tu preferencia)
- 2 cucharadas de aceite de oliva
- 1 cabeza pequeña de brócoli, cortada en floretes pequeños
- 2-4 cucharaditas de salsa macha (ajusta al nivel de picante deseado)
- 2 cucharadas de perejil fresco picado
- Sal al gusto
- Opcional: Queso parmesano rallado (en moderación para una opción más saludable)

Preparación:

1. **Cocina la pasta:** Pon a hervir una olla grande con agua y sal. Agrega la pasta tornillo y cocina según las instrucciones del paquete hasta que esté al dente (generalmente unos 8-10 minutos).
2. **Cocina el brócoli:** Mientras la pasta se cocina, calienta el aceite de oliva en una sartén grande a fuego medio. Agrega los floretes de brócoli y cocina durante 5-7 minutos, removiendo ocasionalmente, hasta que estén tiernos pero aún crujientes y ligeramente dorados. Puedes añadir un par de cucharadas de agua a la sartén y tapar durante los últimos minutos para ayudar a que se cocinen al vapor si lo prefieres más suave.
3. **Prepara la salsa:** Una vez que el brócoli esté cocido, reduce el fuego a bajo y agrega la salsa macha a la sartén. Cocina por 1-2 minutos, removiendo constantemente para que los sabores se

integren y la salsa se caliente. Ten cuidado de no quemar la salsa macha.
4. **Integra la pasta:** Cuando la pasta esté lista, escúrrela (reservando un poco del agua de cocción, opcionalmente) y agrégala directamente a la sartén con el brócoli y la salsa macha.
5. **Mezcla y sazona:** Mezcla bien para que la pasta se cubra con la salsa y el brócoli. Si la salsa está muy espesa, puedes añadir un poco del agua de cocción reservada para aligerarla. Prueba y ajusta la sal si es necesario.
6. **Añade el perejil:** Retira la sartén del fuego y agrega el perejil fresco picado. Mezcla suavemente.
7. **Sirve:** Sirve la pasta inmediatamente en dos platos. Si deseas, puedes espolvorear un poco de queso parmesano rallado por encima.

CENAS

MINI PIZZAS EN PAN PITA

Preparación: 10 minutos

Cocción: 8-12 minutos

Rinde: 2 mini pizzas

Ingredientes:

- 2 panes pita integrales (aproximadamente 15-20 cm de diámetro)
- 1/3 taza de puré de jitomate natural (sin azúcares añadidos)
- 1 cucharadita de albahaca seca o fresca picada
- 1/2 cucharadita de orégano seco
- 1/2 jitomate mediano, rebanado finamente
- 100 gramos de queso Oaxaca deshebrado
- 1/4 calabacita pequeña, rebanada finamente
- 1/2 taza de champiñones rebanados
- Opcional: Un chorrito de aceite de oliva extra virgen

Preparación:

1. **Precalienta el horno (o sartén):**
    1. **Horno:** Precalienta el horno a 200°C (400°F).
    2. **Sartén (opción más rápida):** No es necesario precalentar.
2. **Prepara la base:** Coloca los panes pita en una bandeja para hornear (si usas horno) o directamente en una sartén antiadherente (si usas sartén).
3. **Salsa:** Extiende uniformemente el puré de jitomate sobre cada pan pita, dejando un pequeño borde.
4. **Hierbas aromáticas:** Espolvorea la albahaca y el orégano sobre la salsa de tomate en ambas pizzas.
5. **Añade los vegetales:** Distribuye las rebanadas de jitomate, calabacita y champiñones sobre la salsa en ambas pizzas.
6. **Cubre con queso:** Cubre los vegetales con el queso Oaxaca deshebrado, distribuyéndolo de manera uniforme.
7. **Cocina las pizzas:**

1. **Horno:** Hornea durante 8-12 minutos, o hasta que el queso esté derretido y ligeramente dorado y los bordes del pan pita estén crujientes. Vigila para que no se quemen.
2. **Sartén:** Cocina a fuego medio-bajo con la sartén tapada durante 5-8 minutos, o hasta que el queso esté derretido y el pan pita esté ligeramente dorado en la parte inferior. Levanta con cuidado para verificar que no se queme.
8. **Sirve:** Retira del horno o sartén y sirve inmediatamente. Opcionalmente, puedes rociar un hilo de aceite de oliva extra virgen sobre las pizzas antes de servir.

TIRADITO DE ATÚN

Preparación: 15 minutos

Marinado: 5 minutos

Rinde: 2 porciones

Ingredientes:

- 120 grs de medallón de atún fresco de calidad para sushi (congelado previamente por seguridad si no es de grado sushi)
- 2 tazas de pepino rallado (sin semillas preferiblemente)
- 1/4 de cebolla morada pequeña, finamente rebanada o en julianas
- 1/2 aguacate grande, rebanado o en cubos
- 5 tostadas horneadas o integrales pequeñas
- **Para el "jugo" o aderezo:**
    - 2 cucharadas de jugo de limón fresco
    - 1 cucharada de salsa de soya baja en sodio
    - 1 cucharadita de aceite de oliva extra virgen
    - 1/2 cucharadita de jengibre fresco rallado (opcional)
    - Una pizca de chile serrano o jalapeño finamente picado (opcional, al gusto)
    - Semillas de sésamo tostadas para decorar (opcional)
    - Cilantro fresco picado para decorar (opcional)

Preparación:

1. **Prepara el atún:** Si el atún no es de grado sushi, asegúrate de que haya sido congelado previamente a -20°C (-4°F) durante al menos 24 horas y descongelado en el refrigerador. Esto es crucial para la seguridad alimentaria. Una vez descongelado, corta el medallón de atún en láminas muy finas, casi transparentes. Puedes hacerlo ligeramente inclinado para obtener láminas más anchas.
2. **Prepara el pepino:** Ralla el pepino y escúrrelo ligeramente para eliminar el exceso de agua.

3. **Prepara la cebolla morada:** Rebana la cebolla morada lo más finamente posible. Si deseas suavizar su sabor, puedes remojar las rebanadas en agua con un poco de vinagre blanco durante unos minutos y luego escurrir.
4. **Prepara el aguacate:** Rebana o corta el aguacate en cubos delgados.
5. **Prepara el aderezo:** En un tazón pequeño, mezcla el jugo de limón, la salsa de soya, el aceite de oliva y, si lo usas, el jengibre rallado y el chile picado. Prueba y ajusta los sabores si es necesario.
6. **Arma el tiradito:**
    1. En platos individuales, extiende las láminas de atún de manera artística, ligeramente sobrepuestas.
    2. Vierte el "jugo" o aderezo sobre las láminas de atún, asegurándote de que queden bien impregnadas.
    3. Deja marinar el atún en el aderezo durante unos 5 minutos en el refrigerador. Este breve marinado "cocinará" ligeramente la superficie del atún con la acidez del limón.
7. **Finaliza y sirve:**
    1. Distribuye el pepino rallado alrededor o sobre las láminas de atún marinado.
    2. Decora con las rebanadas de cebolla morada y los trozos de aguacate.
    3. Espolvorea con semillas de sésamo tostadas y cilantro picado, si lo deseas.
    4. Sirve inmediatamente acompañado de las tostadas.

PITA RELLENA CON RES, PANELA Y AGUACATE

Preparación: 10 minutos

Cocción: 8-10 minutos

Rinde: 2 pitas rellenas (2 porciones)

Ingredientes:

- 2 panes pita integrales (preferiblemente)
- 100 gr de filete de res cortado en tiras finas
- 1/2 pimiento (del color de tu preferencia) cortado en tiras finas
- 1/4 cebolla pequeña cortada en julianas finas
- 80 gr de queso panela cortado en cubos pequeños
- 1/2 aguacate rebanado o en cubos
- 1 cucharadita de aceite de oliva (o el de tu preferencia)
- Opcional: jugo de 1/2 limón, cilantro fresco picado, un toque de salsa picante suave.
- Sal y pimienta negra recién molida al gusto

Preparación:

1. **Prepara los vegetales:** Lava y corta el pimiento y la cebolla en tiras finas. Reserva.
2. **Saltea la res:** Calienta el aceite de oliva en una sartén a fuego medio-alto. Agrega las tiras de filete de res, sazona con sal y pimienta al gusto. Cocina durante 3-5 minutos, revolviendo ocasionalmente, hasta que estén doradas por fuera y cocidas por dentro (al punto de tu preferencia). Retira la res de la sartén y reserva.
3. **Saltea los vegetales:** En la misma sartén (si es necesario, agrega un poquito más de aceite), agrega las tiras de pimiento y la cebolla. Cocina a fuego medio durante 5-7 minutos, revolviendo ocasionalmente, hasta que estén tiernas pero aún ligeramente crujientes. Sazona con una pizca de sal y pimienta.

4. **Calienta el pan pita:** Mientras los vegetales se cocinan, puedes calentar los panes pita de las siguientes maneras:
   1. **Sartén:** Coloca los panes pita en la misma sartén caliente (sin aceite adicional) durante 1-2 minutos por cada lado, hasta que estén ligeramente dorados y suaves.
   2. **Freidora de aire o horno:** Envuelve los panes pita en papel aluminio y calienta en un Freidora de aire o en un horno precalentado a 150°C (300°F) durante unos 3-5 minutos, hasta que estén suaves.
5. **Arma las pitas rellenas:** Abre con cuidado cada pan pita por la mitad, formando una especie de bolsillo.
6. **Rellena:** Distribuye dentro de cada pita una porción de la res salteada, los pimientos y la cebolla salteados, los cubos de queso panela y las rebanadas o cubos de aguacate.
7. **Opcional:** Rocía con un poco de jugo de limón, espolvorea cilantro fresco picado y/o añade unas gotas de salsa picante suave si lo deseas.

MERIENDA DE QUINOA Y FRUTAS

Preparación: 2 minutos

Cocción: 15-20 minutos

Rinde: 1 porción grande

Ingredientes:

- 1/2 taza de quinoa sin cocinar
- 1 taza de leche (la que prefieras: vaca, almendra, soya, etc.)
- 1 taza de agua
- 1 manzana pequeña, lavada y cortada en cubos pequeños
- 10 arándanos frescos o pasas
- 1 cucharadita de azúcar (o al gusto, puedes usar endulzante como stevia o miel)
- 3 cucharadas de crema de cacahuate natural
- 3 nueces, picadas en trozos pequeños
- 1/4 cucharadita de canela en polvo
- 1/4 cucharadita de extracto de vainilla

Preparación:

1. **Enjuaga la quinoa:** Coloca la quinoa en un colador fino y enjuágala bien bajo agua fría durante unos segundos. Esto ayuda a eliminar la saponina, una capa natural que puede darle un sabor amargo.
2. **Cocina la quinoa:** En una olla pequeña, combina la quinoa enjuagada, la leche y el agua. Lleva a ebullición a fuego medio-alto.
3. **Reduce el fuego y cocina:** Una vez que hierva, reduce el fuego a bajo, tapa la olla y cocina durante 15-20 minutos, o hasta que la quinoa haya absorbido todo el líquido y los granos estén suaves y ligeramente translúcidos.
4. **Endulza y aromatiza:** Retira la olla del fuego. Agrega el azúcar (o endulzante), la canela y la vainilla. Mezcla bien.

5. **Incorpora la fruta:** Añade los cubos de manzana y los arándanos (o pasas) a la quinoa cocida. Mezcla suavemente para distribuir la fruta.
6. **Sirve con crema de cacahuate y nueces:** Vierte la quinoa con frutas en un tazón. Cúbrela con las cucharadas de crema de cacahuate y esparce las nueces picadas por encima.

MINI PIZZAS HAWAIANAS

Preparación: 10 minutos

Cocción: 8-12 minutos

Rinde: 2 mini pizzas

Ingredientes:

- 2 panes pita integrales (aproximadamente 15-20 cm de diámetro)
- 4 cucharadas de puré de jitomate natural (2 cucharadas por pan pita)
- 1 cucharadita de orégano seco
- 1/2 taza de piña en trozos pequeños (fresca o enlatada en su jugo, bien escurrida)
- 3 rebanadas de jamón de pavo bajo en sodio, cortadas en trozos pequeños
- 1/2 taza de queso Oaxaca deshebrado (aproximadamente 1/4 taza por pizza)
- **Para acompañar (opcional):**
    - 1 taza de lechuga romana o italiana, lavada y cortada en tiras finas
    - 1/2 pepino, lavado y rebanado finamente

Preparación:

1. **Precalienta la freidora de aire:**
    1. **Freidora de aire:** Precalienta la freidora de aire a 180°C (350°F).
2. **Prepara las bases:** Coloca los panes pita en la canasta de la freidora de aire).
3. **Cubre con puré de jitomate:** Extiende 2 cucharadas de puré de jitomate sobre cada pan pita, dejando un pequeño borde libre.
4. **Espolvorea orégano:** Espolvorea la mitad del orégano sobre cada pizza.
5. **Añade el jamón y la piña:** Distribuye los trozos de jamón sobre el puré de jitomate de cada pizza, seguido de los trozos de piña.

6. **Cubre con queso:** Esparce el queso Oaxaca deshebrado uniformemente sobre cada pizza.
7. **Cocina en freidora de aire:**
    1. **Freidora de aire:** Cocina durante 6-8 minutos, vigilando de cerca para que el pan pita no se queme y el queso se derrita.

Para una comida más completa y saludable:

- Sirve las mini pizzas acompañadas de la lechuga y las rodajas de pepino para una ensalada fresca. Puedes aliñar ligeramente la ensalada con un poco de vinagre balsámico o jugo de limón.

TACOS DE CALABAZA CON ELOTE

Preparación: 5 minutos

Cocción: 10-12 minutos

Rinde: Aproximadamente 4-6 tacos pequeños

Ingredientes:

- 1 calabacita mediana picada en cubos pequeños
- 1/3 taza de granos de elote (pueden ser frescos, congelados o enlatados escurridos)
- 100-150g de queso Oaxaca deshebrado
- 8-12 tortillas de maíz pequeñas (o las que prefieras)
- 1 cucharadita de aceite de oliva (o el de tu preferencia)
- 1/4 cucharadita de comino molido (opcional)
- Una pizca de chile en polvo (opcional, para un toque picante)
- Sal y pimienta negra recién molida al gusto
- Opcional para acompañar: salsa verde o roja, cilantro picado, cebolla picada, limón.

Preparación:

1. **Saltea la calabacita y el elote:** Calienta el aceite de oliva en una sartén grande a fuego medio. Agrega la calabacita picada y los granos de elote.
2. **Sazona:** Espolvorea con comino y chile en polvo (si lo usas), sal y pimienta al gusto. Cocina, revolviendo ocasionalmente, durante unos 8-10 minutos, o hasta que la calabacita esté tierna pero aún ligeramente firme.
3. **Calienta las tortillas:** Mientras la calabacita se cocina, calienta las tortillas en un comal, sartén seca o en el microondas hasta que estén suaves y flexibles. Reserva calientes.

4. **Derrite el queso:** Una vez que la calabacita esté lista, baja el fuego de la sartén a medio-bajo. Esparce la mitad del queso

Oaxaca deshebrado sobre la mezcla de calabacita y elote. Tapa la sartén y cocina por 1-2 minutos, o hasta que el queso se derrita y esté pegajoso.
5. **Arma los tacos:** Con una cuchara, coloca una porción generosa de la mezcla de calabacita con queso derretido sobre cada tortilla caliente.
6. **Sirve:** Sirve inmediatamente los tacos. Opcionalmente, puedes acompañar con salsa, cilantro picado, cebolla picada y unas gotas de limón al gusto.

PARAFIT ENERGÉTICO Y RÁPIDO (MENOS DE 5 MINUTOS)

Preparación: 3 minutos

Cocción: 0 minutos

Rinde: 1 porción

Ingredientes:

- 1/2 taza de yogurt natural sin azúcar (o griego para más proteína)
- 7 pretzels integrales pequeños (o 2 galletas Marías integrales)
- 1/2 taza de frambuesas frescas o congeladas
- 3 almendras
- 2 cucharaditas de crema de cacahuate natural

Preparación:

1. **Base de Yogurt:** Coloca la 1/2 taza de yogurt en un tazón pequeño o vaso.
2. **Capa Crujiente:** Rompe los 7 pretzels (o las 2 galletas Marías integrales) en trozos pequeños y distribúyelos sobre el yogurt.
3. **Toque Frutal:** Agrega la 1/2 taza de frambuesas sobre los pretzels o galletas. Si utilizas frambuesas congeladas, puedes dejarlas descongelar un poco antes o agregarlas directamente (aportarán una textura más fresca).
4. **Energía de Almendras:** Pica las 3 almendras en trozos más pequeños y espolvoréalas sobre las frambuesas.
5. **Unión Cremosa:** Con una cuchara pequeña, coloca las 2 cucharaditas de crema de cacahuate en puntos separados sobre la preparación. Puedes dejarla en pequeños montoncitos o extenderla ligeramente con la cuchara.

Notas:

- Puedes variar la fruta según tu preferencia (arándanos, fresas, plátano en rodajas, etc.).
- Si no tienes pretzels integrales, puedes usar otros cereales integrales crujientes.
- Asegúrate de que la crema de cacahuate sea natural, sin azúcares ni aceites añadidos, para mantener la receta más saludable.
- Esta preparación es ideal para consumir inmediatamente para disfrutar de la textura crujiente de los pretzels o galletas. Si lo dejas reposar, se ablandarán.

SALTEADO DE POLLO CON PAPAS Y CHAMPIÑONES

Preparación: 10 minutos

Cocción: 15-20 minutos

Rinde: 2 porciones

Ingredientes:

- 2 pechugas de pollo medianas, cortadas en cubos de 2-3 cm
- 1 cucharadita de paprika (puede ser dulce, ahumada o picante al gusto)
- 1 diente de ajo grande, picado finamente
- 1/2 cebolla mediana, cortada en julianas finas
- Sal al gusto
- Pimienta negra recién molida al gusto
- 2 papas medianas, lavadas y cortadas en cubos de aproximadamente 2 cm
- 200g de champiñones frescos, rebanados

Preparación:

1. **Prepara los ingredientes:** Lava, pela (opcional) y corta las papas en cubos. Rebana los champiñones. Pica finamente el ajo y corta la cebolla en julianas. Corta las pechugas de pollo en cubos.
2. **Sazona el pollo:** En un tazón mediano, mezcla los cubos de pollo con la paprika, la mitad del ajo picado, sal y pimienta al gusto. Asegúrate de que todos los trozos de pollo estén bien cubiertos con las especias.
3. **Cocina las papas:** En una sartén grande antiadherente o wok, calienta un poco de aceite (aproximadamente 1 cucharada) a

fuego medio-alto. Agrega los cubos de papa y cocina durante 8-10 minutos, revolviendo ocasionalmente, hasta que estén ligeramente doradas y casi cocidas. Si es necesario, puedes tapar la sartén por unos minutos para que se cocinen por dentro más rápido.
4. **Saltea la cebolla y los champiñones:** Retira las papas de la sartén y reserva. Agrega un poco más de aceite a la sartén si es necesario. Incorpora la cebolla en julianas y cocina durante 3-4 minutos, hasta que esté transparente y suave. Agrega los champiñones rebanados y el resto del ajo picado. Cocina por otros 5 minutos, o hasta que los champiñones estén dorados y hayan soltado su líquido.
5. **Cocina el pollo:** Haz un espacio en el centro de la sartén y agrega los cubos de pollo sazonados. Cocina durante 5-7 minutos, revolviendo ocasionalmente, hasta que estén completamente cocidos y dorados por fuera. Asegúrate de que no queden partes rosadas en el interior.
6. **Combina todo:** Regresa las papas cocidas a la sartén con el pollo, la cebolla y los champiñones. Mezcla suavemente para que todos los ingredientes se integren y se calienten. Prueba y ajusta la sal y la pimienta si es necesario.
7. **Sirve:** Sirve el salteado de pollo caliente inmediatamente. Puedes acompañar con una ensalada verde si lo deseas para una comida aún más completa.

FAJITAS CON QUESO GOUDA

Preparación: 10 minutos

Cocción: 10-15 minutos

Rinde: 2-3 porciones (dependiendo del tamaño de las tortillas)

Ingredientes:

- 2 calabacitas medianas, rebanadas en tiras finas
- 2 pimientos (de diferentes colores si es posible), sin semillas y rebanados en tiras
- 2 elotes cocidos, desgranados (puedes usar elote enlatado o congelado descongelado)
- 150-200g de queso gouda, rallado o en tiras gruesas
- 6-8 tortillas de harina medianas
- 1 cucharada de aceite de oliva (o el de tu preferencia)
- 1/2 cucharadita de comino molido
- 1/4 cucharadita de chile en polvo (opcional, para un toque picante)
- Sal y pimienta negra recién molida al gusto

Preparación:

1. **Prepara los vegetales:** Lava y corta las calabacitas y los pimientos en tiras delgadas y similares. Desgrana los elotes si son frescos.
2. **Saltea los vegetales:** Calienta el aceite de oliva en una sartén grande a fuego medio-alto. Agrega las tiras de calabacita y pimiento. Cocina, removiendo ocasionalmente, durante unos 5-7 minutos, hasta que estén tiernas pero aún ligeramente crujientes.
3. **Añade el elote y las especias:** Incorpora los granos de elote a la sartén. Espolvorea el comino molido, el chile en polvo (si lo usas), sal y pimienta al gusto. Cocina por un par de minutos más, removiendo para que los sabores se integren.
4. **Calienta las tortillas:** Mientras los vegetales se cocinan, calienta las tortillas de harina en una sartén aparte, en un comal

o en el microondas según las instrucciones del paquete. Manténlas calientes envueltas en un paño de cocina.
5. **Funde el queso:** Reduce el fuego de la sartén con los vegetales a bajo. Esparce el queso gouda rallado (o las tiras) sobre los vegetales. Tapa la sartén y cocina durante 2-3 minutos, o hasta que el queso se derrita y esté pegajoso.
6. **Sirve:** Lleva la sartén con la mezcla de vegetales y queso a la mesa junto con las tortillas calientes. Cada persona puede rellenar sus tortillas con la mezcla y disfrutar de estas deliciosas fajitas vegetarianas.

Consejos:

- Puedes añadir otras verduras a tu gusto, como cebolla rebanada o champiñones.
- Para un toque extra de sabor, puedes añadir un poco de jugo de limón o cilantro picado al final de la cocción de los vegetales.
- Si prefieres una opción más ligera, puedes usar queso gouda bajo en grasa.

SÁNDWICH DE RES CON PESTO Y VEGETALES

Preparación: 10 minutos

Cocción: 15-20 minutos

Rinde: 1 porción

Ingredientes:

- 100-120g de carne de res magra (bistec delgado, fajitas o carne molida magra precocida)
- 1/2 taza de brócoli cortado en floretes pequeños
- 1 papa pequeña (aproximadamente 100g), pelada y cortada en cubos pequeños
- 2 cucharadas de pesto (preferiblemente casero o bajo en sodio)
- 2 rebanadas de pan integral
- 1 cucharadita de aceite de oliva (opcional)
- Sal y pimienta negra recién molida al gusto

Preparación:

1. **Prepara los vegetales:** En una olla pequeña con agua hirviendo y sal, cocina los cubos de papa durante 8-10 minutos, o hasta que estén tiernos pero aún firmes. Agrega los floretes de brócoli a la olla durante los últimos 3-4 minutos de cocción, hasta que estén de un color verde brillante y ligeramente suaves. Escurre bien los vegetales.
2. **Cocina la res:**
    1. **Bistec o Fajitas:** Calienta una sartén antiadherente a fuego medio-alto. Si utilizas aceite de oliva, añádelo a la sartén. Cocina la carne de res durante 2-3 minutos por cada lado (o hasta el punto de cocción deseado). Sazona con sal y pimienta. Retira de la sartén y corta en tiras si es necesario.

2. **Carne Molida Precocida:** Si utilizas carne molida precocida, simplemente caliéntala en la sartén durante unos minutos.
3. **Prepara el pan:** Tuesta ligeramente las rebanadas de pan integral en una tostadora o en la misma sartén donde cocinaste la res (limpiando primero si es necesario).
4. **Arma el sándwich:**
    1. Unta una cucharada de pesto en una de las rebanadas de pan tostado.
    2. Coloca los vegetales cocidos (papa y brócoli) sobre el pesto.
    3. Distribuye la carne de res cocida sobre los vegetales.
    4. Unta la otra rebanada de pan con la cucharada restante de pesto y colócala encima de la carne.
5. **Sirve caliente:** Disfruta este sándwich inmediatamente. Puedes cortarlo por la mitad para comerlo más fácilmente.

Notas:

- Puedes variar los vegetales utilizando calabacín, pimiento o champiñones cortados en trozos pequeños y cocinándolos junto con la papa y el brócoli.
- Si no tienes pesto, puedes utilizar una salsa de yogur con hierbas o una vinagreta ligera.
- Para una opción más rápida, puedes saltear los vegetales en la misma sartén donde cocinas la res después de retirarla, utilizando un poco más de aceite si es necesario.
- Asegúrate de cortar la papa en cubos pequeños para que se cocine rápidamente.

¡Disfruta de este sándwich nutritivo y rápido!

SNACKS

SMOOTHIE DE FRAMBUESA Y ESPINACA

Preparación: 3 minutos

Cocción: 0 minutos (no requiere cocción)

Rinde: 1 porción grande o 2 pequeñas

Ingredientes:

- 1 taza de frambuesas frescas o congeladas
- 1 taza de espinacas frescas (aproximadamente un puñado grande)
- 1 taza de leche (puede ser leche de vaca, almendra, soya, avena, etc.)
- 1 cucharadita de miel (o al gusto, puedes usar otro endulzante natural como stevia o dátiles)
- 1 plátano maduro (fresco o congelado)

Preparación:

1. **Lava los ingredientes (si son frescos):** Si utilizas frambuesas y espinacas frescas, lávalas bien bajo agua corriente.
2. **Introduce los ingredientes en la licuadora:** Coloca en el vaso de la licuadora las frambuesas, la espinaca, la leche, la miel y el plátano (si está congelado, córtalo en trozos).
3. **Licua hasta obtener una mezcla suave:** Licua todos los ingredientes a velocidad alta hasta que el smoothie tenga una consistencia suave y homogénea. Asegúrate de que no queden trozos de espinaca o frambuesa. Si es necesario, detén la licuadora y remueve con una cuchara antes de volver a licuar.
4. **Ajusta la consistencia (opcional):** Si el smoothie está demasiado espeso, puedes añadir un poco más de leche hasta alcanzar la consistencia deseada. Si lo prefieres más

frío, puedes añadir unos cubitos de hielo y volver a licuar brevemente.
5. **Sirve inmediatamente:** Vierte el smoothie en un vaso y disfrútalo de inmediato.

BARRITAS ENERGÉTICAS DE AVENA Y CACAHUATE

Preparación: 10 minutos

Cocción: 0 minutos (solo refrigeración)

Rinde: Aproximadamente 6-8 barritas (dependiendo del tamaño)

Ingredientes:

- 1/2 taza de avena en hojuelas (preferiblemente avena tradicional o integral, no instantánea)
- 2 cucharadas de miel (o jarabe de maple para una opción vegana)
- 2 cucharadas de crema de cacahuate natural (sin azúcares añadidos)

Opcional (para añadir sabor y textura):

- 1 cucharada de semillas (chía, linaza molida, girasol, etc.)
- 1 cucharada de frutos secos picados (almendras, nueces, etc.)
- 1/4 cucharadita de canela en polvo
- Unas gotas de extracto de vainilla
- Chips de chocolate amargo (en moderación para mantenerlo saludable)

Preparación:

1. **Prepara el molde:** Cubre un recipiente pequeño cuadrado o rectangular (aproximadamente 10x15 cm) con papel encerado o papel film, dejando un poco de papel sobresaliendo por los lados para facilitar el desmolde.
2. **Mezcla los ingredientes:** En un tazón mediano, combina la avena, la miel y la crema de cacahuate. Mezcla bien con una cuchara o espátula hasta que todos los ingredientes estén completamente integrados y la mezcla sea pegajosa.

3. **Añade ingredientes opcionales (si deseas):** Si vas a usar semillas, frutos secos, canela o vainilla, incorpóralos a la mezcla y revuelve para distribuirlos uniformemente.
4. **Presiona en el molde:** Vierte la mezcla en el molde preparado. Con la parte posterior de una cuchara o con los dedos ligeramente húmedos, presiona la mezcla de manera uniforme en el fondo del molde, asegurándote de que quede compacta.
5. **Refrigera:** Cubre el molde con papel film y refrigera durante al menos 30 minutos para que las barritas se endurezcan y sean más fáciles de cortar. Lo ideal es dejarlas en el refrigerador durante al menos 1 hora.
6. **Corta y disfruta:** Una vez que las barritas estén firmes, sácalas del refrigerador. Utiliza el papel sobresaliente para levantar la masa del molde. Colócala sobre una tabla de cortar y córtala en barritas del tamaño deseado.

Consejos:

- Puedes ajustar la cantidad de miel según tu preferencia de dulzor.
- Asegúrate de usar crema de cacahuate natural sin azúcares añadidos para una opción más saludable.
- Experimenta con diferentes ingredientes opcionales para variar el sabor y la textura de tus barritas.
- Estas barritas se conservan bien en un recipiente hermético en el refrigerador durante aproximadamente una semana.

CUBITOS DE HIELO TOQUE PICOSITO

Preparación: 5-7 minutos

Congelación: Mínimo 4 horas (idealmente toda la noche)

Rinde: Aproximadamente 12-16 cubitos de hielo (dependiendo del tamaño de tu molde

Ingredientes:

- 1 taza de piña fresca, pelada y cortada en trozos pequeños
- 1 taza de mango fresco, pelado y cortado en trozos pequeños
- 1 taza de fresas frescas, lavadas y cortadas por la mitad o en cuartos (dependiendo del tamaño)
- 2-4 cucharadas de chamoy líquido (ajusta al gusto)
- 1-2 cucharaditas de chilito en polvo (tipo Tajín o similar, ajusta al gusto)
- Agua purificada (cantidad necesaria para llenar el molde de hielos)

Preparación:

1. **Prepara la fruta:** Asegúrate de que la piña, el mango y las fresas estén limpios y cortados en trozos lo suficientemente pequeños como para caber en los compartimentos de tu molde para hielos.
2. **Distribuye la fruta:** Coloca algunos trozos de piña, mango y fresa en cada compartimento del molde para hielos. No llenes completamente cada espacio, deja un poco de espacio para el líquido.
3. **Agrega el toque picosito:** Rocía una pequeña cantidad de chamoy líquido sobre la fruta en cada compartimento. Espolvorea un poco de chilito en polvo sobre la fruta y el chamoy. La cantidad dependerá de qué tan picoso quieras tus cubitos.

4. **Llena con agua:** Vierte agua purificada en cada compartimento del molde para hielos, llenándolos casi hasta el borde.
5. **Congela:** Coloca el molde para hielos cuidadosamente en el congelador. Deja congelar durante al menos 4 horas, o preferiblemente toda la noche, hasta que los cubitos estén completamente sólidos.

Para disfrutar:

Agrega estos cubitos de hielo tropicales y ligeramente picositos a tus bebidas favoritas como agua simple, agua con gas, limonada, té helado o incluso cócteles para un toque refrescante y un sabor único.

Notas:

- Puedes ajustar la cantidad de chamoy y chilito según tu preferencia de dulzor y picante.
- Si no tienes todas las frutas frescas, puedes usar una combinación de las que tengas disponibles.
- Para una presentación más llamativa, puedes alternar las frutas en capas dentro de los compartimentos del molde.
- Estos cubitos de hielo se derretirán liberando el sabor de la fruta, el dulzor del chamoy y el toque picante del chilito, ¡una explosión de sabor en cada sorbo!

GOMITAS PICANTES

Preparación: 10 minutos

Tiempo de refrigeración: Mínimo 2 horas (idealmente 4 horas o toda la noche)

Rinde: Aproximadamente 15-20 gomitas (dependiendo del tamaño de los moldes)

Ingredientes:

- 1 sobre (aproximadamente 7 gramos) de gelatina de sabor (sin azúcar añadida preferiblemente, elige tu sabor de agua de fruta)
- 2 cucharadas (aproximadamente 14 gramos) de grenetina en polvo (gelatina sin sabor)
- 1/2 taza de agua de fruta (natural o sin azúcar añadida del sabor de tu gelatina)
- 1-2 cucharaditas de chilito en polvo (tipo Miguelito, Tajín bajo en sodio, o el de tu preferencia), ajusta al nivel de picante deseado.

Preparación:

1. **Hidratar la grenetina:** En un tazón pequeño, esparce la grenetina en polvo sobre 1/4 de taza del agua de fruta. Deja reposar durante unos 5 minutos para que se hidrate y se forme una pasta espesa.
2. **Disolver la gelatina:** En otro tazón mediano, disuelve el sobre de gelatina de sabor en el 1/4 de taza restante de agua de fruta fría. Mezcla bien hasta que no queden grumos.
3. **Combinar y activar la grenetina:** Lleva la mezcla de grenetina hidratada al microondas por intervalos de 10-15 segundos, revolviendo entre cada intervalo, hasta que esté completamente líquida y transparente. ¡No dejes que hierva! También puedes disolverla a baño María a fuego bajo, revolviendo constantemente.

4. **Mezclar los ingredientes:** Vierte la grenetina líquida en el tazón con la gelatina de sabor disuelta. Mezcla suavemente hasta que ambos estén bien incorporados.
5. **Añadir el toque picante:** Agrega el chilito en polvo a la mezcla líquida. Comienza con 1 cucharadita y prueba. Si deseas más picante, añade la segunda cucharadita y mezcla bien.
6. **Verter en moldes:** Vierte la mezcla en moldes de silicona para gomitas o en un recipiente cuadrado o rectangular pequeño previamente engrasado ligeramente con un poco de aceite vegetal o en spray. Si usas un recipiente, luego cortarás las gomitas en formas.
7. **Refrigerar:** Lleva el molde o recipiente al refrigerador y deja enfriar durante al menos 2 horas, o idealmente 4 horas o toda la noche, hasta que las gomitas estén firmes.
8. **Desmoldar (o cortar):**
   - **Moldes:** Desmolda las gomitas con cuidado.
   - **Recipiente:** Una vez firmes, desmolda el bloque de gelatina sobre una tabla de cortar. Con un cuchillo afilado, corta las gomitas en cubos o formas deseadas.

Notas:

- Puedes ajustar la cantidad de chilito según tu tolerancia al picante.
- Si no tienes moldes de silicona, puedes usar una bandeja pequeña forrada con papel encerado o film transparente para evitar que se peguen.
- Para una opción más dulce, puedes añadir un poco de stevia o eritritol a la mezcla, probando hasta alcanzar el dulzor deseado.
- Asegúrate de usar agua de fruta natural o sin azúcar añadida para mantener la receta más saludable.

AGRADECIMIENTOS

Esto no hubiera sido posible sin el constante apoyo - y un poco de presión para salir de mi zona de confort- por parte de las personas que más quiero en el mundo: mis papás, mis abuelos y Daniel, todos son inspiración y contención.

Made in United States
Orlando, FL
28 May 2025